中山出版
ZHONGSHAN　PUBLISHING
香山承文脉　好书读百年

Hello,东升

林小凡　文/绘

SPM

南方出版传媒
广东人民出版社

·广州·

图书在版编目（CIP）数据

Hello，东升 / 林小凡编绘. -- 广州：广东人民出版社，2017.10

ISBN 978-7-218-12149-9

Ⅰ．①H… Ⅱ．①林… Ⅲ．①漫画—作品集—中国—现代 Ⅳ．①J228.2

中国版本图书馆CIP数据核字(2017)第256016号

HELLO, DONG SHENG

Hello，东升　林小凡　文 / 绘

出 版 人：肖风华

责任编辑：李锐锋
特邀编辑：吴可量
装帧设计：陈宝玉

统　　筹：广东人民出版社中山出版有限公司
执　　行：何腾江　吕斯敏
地　　址：中山市中山五路1号中山日报社8楼（邮编：528403）
电　　话：（0760）89882926　　（0760）89882925

出版发行：广东人民出版社
地　　址：广州市大沙头四马路10号（邮编：510102）
电　　话：（020）83798714（总编室）
传　　真：（020）83780199
网　　址：http://www.gdpph.com
印　　刷：广东信源彩色印务有限公司
开　　本：787mm×1092mm　1/32
印　　张：4　　字　　数：41千
版　　次：2017年12月第1版　2017年12月第1次印刷
定　　价：25.00元

总序 │ 写画心中的城

　　都说现在是一个"看脸"的时代,手绘漫画图书的热销,就是标志之一。"轻阅读"的流行,正是时代发展的产物。与时俱进,我们打造了这套"Hello,中山"手绘漫画系列,一是让年轻人利用自己的地缘优势讲好"中山故事",传播家乡传统文化;二是给年轻人机会出版作品,毕竟出书是一件严肃又庄重的事情,也是值得一辈子自豪的事情。

　　"Hello,中山"手绘漫画系列是一套开放式的选题,计划以每年出版一二十种新书的规模,以陆续出版、不断充实、不断丰富的方式,用若干年的时间,打造一套有规模、有品位、有传承力、有影响力的具有中山特色的原创手绘漫画书系。

　　作为"Hello,中山"手绘漫画系列的策划人,我期待中的这套书不仅是巡礼式地给中山 24 个镇区各出一册,而是 N 册，同时扩充至其他领域，比如老字号、非物质文化遗产等，形成一套三五十册的较大规模、可较长时间立于中山人书架上的系列图书。所以，做好这一套图书，我们将坚持以下几点——

一是充分调动年轻人的积极性，邀请能写能画且熟悉中山的土著的非土著的年轻人加盟。2015 年 7 月出版的《Hello，石岐》作为"Hello，中山"手绘漫画系列的第一本，其作者是当地一所大学的应届毕业生，书稿其实就是两个年轻女孩子的毕业创作作品。在一次展览上，我们看中了书稿，于是拿过来出版。结果出版后，反响很好，于是我们又广罗人才，邀请了更多年轻人参照《Hello，石岐》的模式，给其他镇区画、写，慢慢积累，就有了 2016 年 8 月重磅推出的《Hello，石岐Ⅱ》《Hello，沙溪》《Hello，南朗》《Hello，神湾》等。我们的出发点很明确，就是让中山的年轻人用自己的视角和喜爱的方式来讲述中山的故事，这是一个全新看中山的角度，让他们不囿于传统的模式去审视自己熟悉的地方。年轻人也可以借用这种新的形式来发挥自己的才能。它不仅让中山人认识中山，还让中山人重新探索和思考中山，同时去发现一个不一样的中山。

二是强调了书稿的本土性和原创性。越是民族的，越是世界的。中山是伟人故里，具有 800 多年的历史，人文丰盈、历史深厚、自然优美，可写可画的东西很多。有一句话说，世界不是缺少美，而是缺少发现美的眼睛。"Hello，中山"手绘漫画系列鼓励年轻的画家、作家去发现中山人都未必知道的中山，这激发了年轻人的热情。许多作者反馈回来的信息是，如果不是绘、写自己的家乡，还真不知道自己的家乡有这么美。

三是坚持内容为王。按照目前的出版方向，一是以行政区域为主题，二是选择可入画的中山题材。就拿行政区域这一主题来说，在执行的过程中，很容易做成官方宣传资料，这明显偏离了我们的初衷。凡是将官方资料堆积在书稿里的，我们一律要求作者重新写。要用自己的语言来写自己可亲可爱的家乡。读者之所以喜爱这套图书，主要原因不仅是形式上活泼，还有就是内容上新颖。可读性成为重中之重。

四是安排了得力编辑专心打造。"Hello，中山"手绘漫画系列前期指导作者的工作量超乎想象，原因无外乎：作者都是没有写书、编书、出书的经验，这样或那样的问题，时不时要编辑回答；对家乡的重点历史人文、传统文化等拿捏不准。我们专门安排了两位责任编辑来负责，随时随地指导好这一批年轻作者，以期共同做好这一套书。同时，在排版设计上，紧紧跟随当下畅销书的风向标，大胆启用大腰封，力求与传统的装帧方式有所区别，以更贴近年轻人的心理要求。

五是着重打造品牌效应。一种品牌就是一种无形资产，我们立足中山将近 7 年时间了，一直强调品牌的影响力，也打造了一批诸如"中山客""廉洁中山""故事中山"等品牌图书，得到了读者的普遍认可。我想，品牌代表的是一种不可多得的美誉度、可信度，而这些才是真正的无价之宝。"Hello, 中山"手绘漫画系列从一开始的策划就立足于品牌效应了，为此我们专门设计了这套书的 Logo、函套，还有手提袋，甚至还有它们的衍生产品——明信片、T 恤、茶杯等。目前，这套书的品牌效应慢慢凸显出来了，难能可贵。

出版是个小行业，而且我们是在中山这样的小地方做出版，难度可想而知。但是，文化是个大产业，前景一片光明。我们将按照广东人民出版社中山出版有限公司的出版宗旨——"香山承文脉，好书读百年"，全力把"Hello, 中山"手绘漫画系列打造成为品牌图书。

广东人民出版社中山出版有限公司总经理 | 何腾江

目　　　录

黄圃
南头
东凤
阜沙
三角
民众
小榄
古镇
东升
港口
火炬开发区
横栏
西区
石岐
南朗
沙溪
东区
大涌
南区
五桂山
菊头
三乡
神湾
坦洲

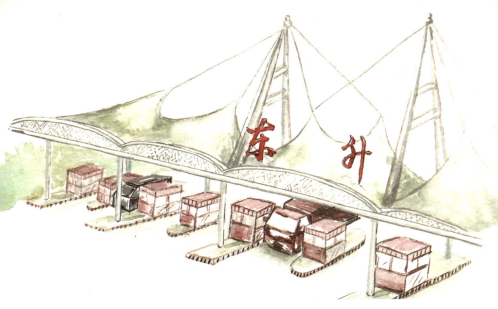

○ 高速东升镇出口

　　东升镇位于珠江三角洲的西岸，中山市的西北部，北边连着小榄水道，南边依靠着中山市主城区。105国道、中江高速、广珠城际铁路和在建的太澳高速、中顺快速干线都穿过东升镇。中山市的"四高速五横六纵九加密"干线公路网中，就有五条经过东升。东升镇的交通十分便利，去广州或珠海只需要一个小时车程。

○ 纵横交错的公路与其两侧的鱼塘农田

东升镇原名鸡笼镇。相传在清道光年间（1821—1850 年），有位渔民在鸡笼涌打鱼，却屡次打到同一个鸡笼，而另一个村民有一天在鸡笼涌附近发现一只白鸡带着十多只小鸡在觅食，他去追，无果。随后，他们都把各自的故事告诉同一个道士。道士认为此处有鸡又有笼，是个吉祥之地。不久有位官员来此地视察，当地人把上述的故事告诉他，官员说这个地方就叫鸡笼吧。随后人们纷纷聚居到这个吉祥之地，逐渐形成了"一河两岸"的居住群，并定圩期。每逢圩日，四面八方的人都来赶集，于是此地变成了鸡笼圩市。后来附近还逐渐衍生出了鸡笼水闸、鸡笼路和鸡笼桥。1986 年，小榄区分出东升片 8 个乡建镇，由于地处鸡笼圩，这个地方被命名为鸡笼镇。后来人们为纪念"鸡笼镇"得名的传说，便在龙昌路设置了以鸡为主题的雕塑。1987 年，鸡笼镇更名为东升镇。1999 年，坦背镇撤销，其辖区并入东升镇，便构成如今的东升镇行政辖区。

○ 龙昌路以鸡为主题的雕塑

○ 传说中从鸡笼涌打捞上来的鸡笼

○ 贯穿村与村之间干净的河涌

　　东升镇由新胜、益隆、坦背、白鲤、太平、胜龙等 6 个村和高沙、裕民、同乐、东升、兆龙、利生、同茂、东城等 8 个社区居委会组成。从环境和治安方面来说，东升镇都是让居民满意度很高的镇区，先后获得"国家环境优美乡镇""省教育强镇""省文明镇""省生态示范乡镇"等称号。位于镇政府西南面的太平村更是入选了全国 14 个省区的第一批绿色村庄名录。

○ 河道边的房子

○ 摆满各种绿植的农户庭院别有一番风味

绿色村庄

　　广东省住建厅要求绿色村庄要以乡村绿化美化为切入点，与乡村绿化美化建设工程有机结合，推进村内道路、河道坑塘、闲置空地、农户庭院普遍绿化，结合村庄规划和农村人居环境整治，根据自然气候条件合理选择乡土树种，建设村庄周边绿化带、村内休闲绿地和庭院绿化示范区，充分体现岭南乡土气息，保护和延续村庄原始形态和山水田林乡村风貌，并适当结合地域、气候、民族、风俗营造村庄个性，村庄的绿化覆盖率不低于30%。

○ 拥有多年种植经验的农民正在劳作

　　东升镇是中山市最年轻的建制镇，但是其历史可以追溯到宋朝。根据《香山县志》记载，南宋时期（1152 年）香山立县，东升分属宁安乡、德庆乡海域。

　　从南宋至今，东升地域不断地变迁发展，拥有着八百多年的历史。这里紧靠着一条水质优良的小榄水道，再加上贯穿其间纵横交错的河道，非常适合人们在此劳作和生活。农民在这里交替种植着水稻和果树，渔民则开塘养鱼，并在塘边种桑养蚕。优良的自然环境促进了这里农业的发展，人们的辛勤劳作也改善了自然环境，如此良性循环，此地的生产潜力十分巨大。

　　东升镇最为外人所知的也许就是脆肉鲩，它是草鱼的一种，因肉质紧滑和口感爽脆而得名。渔民大规模养殖脆肉鲩，并形成了当地的特色，吸引了无数游客和食客前来品尝。

　　东升镇每年都举办脆肉鲩美食文化节，借此宣传脆肉鲩和扩大东升的知名度。2006 年，东升镇被评为"中国脆肉鲩之乡"。

○ 东升镇遍地都是鱼塘和虾塘

东升镇还致力于"中国棒球小镇"建设，将东升打造成集棒球比赛、培训、广告、动漫、饮食、影视、文化、教育、商贸于一体的特色小镇，并在广珠城际铁路东升站场周边规划了总面积约1000亩的棒球小镇基地。

　　东升的经济产业结构也是多元化的，有建筑材料、家用电器、日用制品等优势产业。东升镇现有中国驰名商标2个、中国品牌产品5个，广东省著名商标15个、广东省名牌产品9个。早在2007年东升镇就被评为中山市的经济强镇。近年来，东升迅速发展，许多高楼大厦拔地而起，生活小区的设施也修建得更加完善。

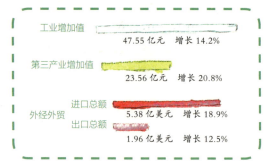

○ 2010年东升镇经济数据

百里不同风，
千里不同俗

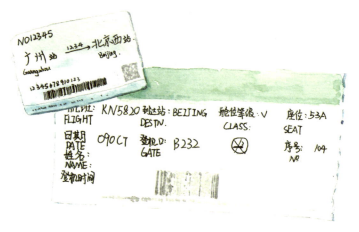

我小学毕业后才来到东升生活，十多年的时间里，渐渐习惯了这里的风，习惯了这里的水，习惯了这里的人。高考后，我如愿去了北京读大学，寒暑假才能回家。

每个学期 18 周，我每次都是在假期开始前一个月就买好了回家的票，归心似箭。每次回家，在飞机上、火车上听到粤语就觉得格外亲切。

○ 从农田中劳作回来的农民

2017年的寒假来得早，元旦我就到家了。我在东升的街巷里漫步，看着近几年拔地而起的高楼、新建的小区和商场、不断完善的农贸市场，不禁想起了旧时东升的样子。

　　旧时，村里每家每户都有自己需要劳作的田地和鱼塘，晴天人们戴着草帽劳作，雨天则披着用草编织成的蓑衣劳作。到了傍晚，还要回家生起灶台做饭。现在随着人们生活水平不断提高，蓑衣和灶台都已经找不到了。

○ 旧时渔民建在塘边的草屋

○ 下雨时，农民都会披上编织的蓑衣去田里劳作

z

○ 耍龙

春节

　　过春节，以除夕到大年初七这段时间为高潮，另一个高潮就是正月十五前后了 。春节期间的活动非常丰富，如舞狮、耍龙等，祈求新的一年风调雨顺、平安、丰收。

○ 舞狮

○ 孩子们也都化上了可爱的
妆容，参加到舞狮的活动中

○ 击鼓师傅敲着大鼓，发出震
耳的隆隆声

临近春节，大家都会去采购年货，买年画、春联和寓意吉祥的金橘、盆花等。人们将家里装扮得非常喜庆，来迎接新年。春节的不少传统习俗延续至今，比如腊月二十八的"洗邋遢"，在这一天全家人一起动手，把家里收拾干净，寓意是把前一年的邋遢、不好的东西都清洗掉，干干净净迎新年。

○ 每到春节，家家户户都会贴春联

○ 集市里摆满了寓意吉祥的金橘

在接近大年三十的时候，家家户户就会忙着做煎堆、炸油角、蒸年糕。除夕夜，一家人在家里吃团圆饭。饭后，有的家庭去逛花市；有的则会去祭祀，祈祷新一年风调雨顺、人人都心想事成。

煎堆食材

500 克糯米粉

100 克白糖

2000 克生油

豆沙馅

花生白糖馅

芝麻

煎堆制作方法

①取 100 克糯米粉，用清水调拌，揉成粉团。

②放入沸水锅里煮熟。

③在砧板上反复揉搓，直至面团有韧性有黏性。再将煮熟的面团与剩下的400克糯米粉和100克白糖混合。

④将揉搓好的面团分成一小块一小块。可以做有馅的煎堆，也可以做无馅的煎堆。

⑤然后将各式馅料包入面团中做成各种风味的煎堆。

⑥放入油锅中，用筷子小心翻转，炸至金黄即可捞出。

油角食材

低筋面粉 250 克

鸡蛋 1 个

白砂糖 50 克

猪油 / 植物油 10 毫升

水 100 毫升

碾碎的花生

椰蓉

芝麻

油角制作方法

① 将揉好的面团置于碗内，醒30分钟。

② 将面团等分，擀薄，用圆模压成圆形。

③ 包上馅料，两边对齐，收好边。用指甲沿边一路轻轻地锁边，捏成麻绳状。

④ 把油加热到合适的温度，筷子放进油锅会起泡时，就把油角放下去炸，并不时翻动，直至油角呈金黄色。用笊篱捞出，晾干油就可以了。

油角

大年初二，各家各户都要"开年"。开年后，晚辈就去亲戚朋友家拜年。每家每户把准备好的果盘拿出来，分给大家吃。果盘内装有糖莲子、糖莲藕、糖果、瓜子等，主人请客人"抓仁"（嗑瓜子），粤语中"仁"与"银"谐音，意即恭喜发财。大年初三被称作"赤口"，旧俗说不能外出拜年，因为容易和人发生口角。现在这个传统已经渐渐被遗弃了。

○ 过春节时，小朋友们最喜爱的零食果盘和利是

端午节

两千多年前，诗人屈原因不满楚国的政治腐败自沉汨罗江而死。为纪念屈原，后人把每年的五月初五定为端午节。到了这一天，就有吊香袋、吃粽子、赛龙舟的习俗。香袋表示屈原的品德、节操将馨香溢世、流芳千古，而粽子则是喂给河中大鱼以免它们把屈原的遗体吃掉。东升的粽子是拱桥状，也叫"芦兜粽"。听名字就知道它和普通的粽子不一样。

　　以前，村民发现郊野多芦兜，尝试用来其叶子裹粽子。粽子融入芦兜叶的味道后，不仅有植物的清香，还有祛湿消滞、祛风散瘀的疗效。芦兜粽很快流行起来，成了东升的特色食品。

　　芦兜粽呈圆筒拱桥状，两头交错，一字平口，里面有糯米、烧腩肉、咸蛋黄、红豆等馅料。将包好的芦兜粽放入瓦缸，用小火将粽子慢慢煨熟。经过长达 12 小时的煨煮，芦兜粽里所有食材的味道得到了充分的融合。煮熟的芦兜粽味道香浓，食之韧滑。包粽子的叶子也是经过精心挑选的，不能选过老的叶子，否则包卷的时候会断裂。

粽子制作方法

①先将芦兜叶晾干，然后将其绕成中空的筒状。

芦兜粽

②将包好的芦兜粽放入瓦缸中慢慢煨熟。

中秋节

　　每逢中秋节的时候，大家除了吃月饼，还会吃水果、田螺、芋头、菱角、粥等。它们不仅好吃，还有不同的寓意。菱角长得像蝙蝠，"蝠"音同"福"，寓意福到。沙田柚的"柚"字与"有"同音，寓意有福有寿。还有另外一种说法，柚子呈圆形，寓意中秋合家团圆。

○ 摆满各种水果的果盘

○ 长得像蝙蝠的菱角

○ 田螺

　　至于吃田螺，民间有几种不同的说法。有人说，田螺是贝壳类动物，吃之前是一盘，吃完后还有"一盘"，有"长食长有"之意。有人说，田螺的"螺"字和粤语中的"摞"（"拿"的意思）同音，"田螺"即"向田摞食"。更有人说，在中秋吃田螺有明目之意，因为在炒田螺前，田螺底部会先被剪掉，吃的时候首先把螺肉挑出来吃，然后留下螺壳。在月光下吃田螺，月光从头到尾穿过了田螺壳，且田螺壳与眼睛相似，所以就有明目的寓意。

婚俗

在很久以前，东升还有一项很有趣的婚俗。男女双方注册登记后，要经过"拿茶叶""出礼盒""上头""挂字"等烦琐程序，最后才宴请亲戚、朋友。

20 世纪 80 年代以前，在坦背片沙田水乡地区，女方的大嫂和陪嫁姐妹在新娘上船或上车前大唱咸水歌。歌词大意是舍不得小姑出嫁，同时祝愿她嫁得如意郎君。90 年代后，就很少听到大嫂们动听的歌声了，取而代之的是中西合璧、简易的婚嫁形式。

○ 女子在船头欢唱咸水歌，庆祝喜事

特色脆肉鲩之乡

东升镇 105 国道旁有一个地标性建筑，是两条从水中跃起的大鱼的石雕，矗立在广场上，基座上面刻着"中国脆肉鲩之乡"几个大字。东升人对此十分自豪。

　　2006 年 5 月，东升镇被授予"中国脆肉鲩之乡"称号。早在 20 世纪 80 年代初，东升镇就率先在池塘中试养脆肉鲩，经过 20 多年的摸索、实践、积累，掌握了成熟的养殖技术，产量增大，由亩产 750 公斤脆肉鲩提高到亩产 1710 公斤脆肉鲩。

○ 长江水库旁的中转码头

早在 1973 年，中山市长江水库边就有一个中转码头。水库中的鲩鱼经常能吃到从码头上散落下来的蚕豆，再加上流水的不断"按摩"，使得鱼肉变得结实。人们发现其肉耐煮不烂，食之结实爽脆，清香可口，便称其为脆肉鲩。脆肉鲩大受食客的喜爱，人们便在长江水库利用水沼地，采用循环水的方式，开始大规模饲养。

○ 明清时期的围垦造田

　　当地的渔民说，东升本来就是一个极适合饲养脆肉鲩的地方。在元代，小榄水道西岸较早淤积成多个沙丘，这些沙丘后来成为东升的"七沙一塘"（高积沙、乌沙、坦背沙、白鲤沙、庵沙、观音沙、太平沙和草塘）。明清时期出现了军屯田和民屯田，以及裕生围、和生围、长兴围、大丰围、裕成围、谦益围、合德围和寿德围的"八围垦耕"。经历了"军民屯田"和"八围垦耕"的岁月，才形成了如今东升的沙田和水乡的面貌。

32　Hello，东升

○ 随处可见的鱼塘

○ 每日凌晨打鱼的渔民

  1979 年，第一代脆肉鲩养殖户将脆肉鲩引入东升镇，养殖地就在现在东升镇政府的附近。从 20 世纪 80 年代初开始，东升镇率先在池塘进行试养，经过 20 多年的摸索，形成了一套成熟的养殖技术，成功地实现了从水库养殖到池塘养殖的突破，走上了规模养殖脆肉鲩的路子，建成了全国最大的脆肉鲩生产基地。如今，东升镇形成了从苗种、养殖、加工到流通销售的完整的产业链。

  东升镇是典型的沙田水乡，水资源丰富，气候温和湿润，为开展水产养殖特别是脆肉鲩养殖提供了优越的自然条件。

○ 养殖户将蚕豆抛入鱼塘中，喂养脆肉鲩

　　脆肉鲩的养殖过程独特，与其他鱼类养殖有些区别。第一步是养鱼苗，用一年时间养成每条约 0.25 公斤的小鱼，再花一年时间将小鱼养至 2.5—3.5 公斤重。此时，它们与普通的鲩鱼还没有任何差别。但在第三年，在 25℃左右的温度下给鲩鱼喂食用浓度为 1% 的食盐水浸泡 12—24 小时的蚕豆，并根据不同的脆度需求投喂 60—120 天。鲩鱼吃了蚕豆后，细胞密度增大，细胞壁增厚，肌肉里的胶原蛋白比普通鲩鱼增加了几十倍，因而肉质结实爽脆，肉味清香可口。

脆肉鲩的养殖模式与普通鱼的养殖模式也不一样。目前最流行的是同塘混养模式，也就是在养殖脆肉鲩的同时，在池塘里一并养殖鲫鱼、大头鱼、鲮鱼等其他鱼类。与单养模式相比，同塘混养模式将栖息于不同水层的鱼混养，能立体地利用水体空间，较大幅度地增加放养鱼的密度。立体养殖，一举多得，既有充分利用水体、提高产量之利，又兼收饵料再利用、改善水质之效。

○ 渔民将秤重后的脆肉鲩装车

脆肉鲩的拉网捕捞和运输也有讲究。按照行业的惯例，到了脆肉鲩出塘那天，早上 5:30 之前渔民就要开始拉网捕鱼。月光依稀，众人踏着塘边的杂草，深一脚浅一脚在岸上走动，将塘中的脆肉鲩慢慢拉出鱼塘，然后过秤装车。整个过程下来，可能就要一个多小时。

○ 装鱼的大货车

○ 渔民捧着捕获的脆肉鲩格外高兴

　　经过多年的经营，每个养殖户都会
有固定的供应链。每隔一段时间进行一
次拉网捕鱼，几个鱼塘轮流作业，保证
了货源充足、供应链畅通。

　　除了供应周边市场，脆肉鲩还销往
外市乃至外省。但脆肉鲩的活体运输受
到诸多因素的制约，过去一直是困扰养
殖户和经销商的大难题。如今，这个难
题已经解决，真空充氧技术的广泛应用
使得鲜活的脆肉鲩可以在运往各地的过
程中存活多天。

○ 能保证脆肉鲩鲜活运输的真空充氧技术

○ 笑开了花的渔民
手捧脆肉鲩"鱼王"

○ 每年举行的脆肉鲩美食文化节
都能吸引大批的食客前来品尝

在探索并建立起养殖的产业链后，东升镇全力打造脆肉鲩品牌。"东裕牌"脆肉鲩被评为中国名牌，成为广东省第一个渔业类的中国名牌农产品。东升镇始终坚持实施品牌战略，唱响"中国脆肉鲩之乡"名片。在政府和脆肉鲩从业者的共同努力下，如今东升脆肉鲩的鲜活产品已销往我国北京、上海、广州等20多个城市，脆肉鲩的加工产品还销往美国、南美洲部分国家和马来西亚等地。

在精心培育下，脆肉鲩成了东升富民的支柱产业，脆肉鲩养殖走上了产业化、标准化、规范化的发展轨道。不仅如此，镇政府每年还举办脆肉鲩美食文化节，搭建既推广脆肉鲩、扩大销路，又向天下客商推介东升、扩大东升知名度和美誉度的大平台。

○ 在脆肉鲩美食文化节上，能品尝到各种用脆肉鲩制作的美味

○ 红日饭店

　　2012 年，东升脆肉鲩文化美食嘉年华组委会举办了"脆肉鲩人气名店"的评选活动，综合食客的短信和网络投票评选出 10 家"脆肉鲩人气名店"。

　　红日饭店就是这 10 家"脆肉鲩人气名店"中的一家。红日饭店位于裕隆三路与迎福路交叉口北行 50 米处，开张至今已经有 13 个春秋了。从一开始的 9 张桌子到扩张后的 30 张桌子，再到现在的 60 张桌子，红日饭店在不断发展，制作脆肉鲩的手法也越来越娴熟。

老板是东升本地人。他回忆以前脆肉鲩还没有被大家接受时，在市面上才卖 4.5 元一斤，比普通的草鱼还便宜。他没有放弃，不断把培育成熟的脆肉鲩送给美食家和各大饭店品尝。老板自信地对他们说："尝尝，不好吃不要钱！"每送一次，都有人夸赞脆肉鲩的确与众不同。久而久之，脆肉鲩被越来越多的人接受，老板更加有自信了。于是，2004 年，红日饭店开业了。他用自己养的鱼来做全鱼宴，不断尝试推出新的菜品，吸引越来越多的客人慕名而来。每天厨师从饭点前的两个小时开始忙碌，客人一桌又一桌。夏天的时候，还有客人选择在门口宽敞的空地上摆桌吃饭。

　　很多顾客都说，红日饭店店内没有过多的装饰，环境和大排档差不多，但是胜在够实惠。对于在意味道，不讲究环境的客人们来说，这里就是一个很好的选择。

　　在红日饭店里，脆肉鲩的吃法有很多种，有火锅，也有小炒。火锅最能体现脆肉鲩的肉质鲜美，而小炒就是采用脆肉鲩不同的部位来制作不同的菜。一条鱼的鱼腩、鱼背、鱼骨、鱼肠等不同部位，都会有不同的做法。

○ 红日饭店的位置

腌制好的鱼块

豆豉

蒜蓉和葱花

蚝油

陈皮

花生油

料酒

豉汁蒸鱼腩

将腌制好的鱼块放入餐具中，
调味后下锅蒸 10 分钟即可。

①用开水泡开铁观音茶叶。　②沥干水后放到油锅里炸至香脆待用。

③将鱼骨和鱼肉分开，将鱼肉切片后再用生粉上浆。

茶叶鱼片

④鱼片炸熟后与事先炸好的茶叶翻炒，即可上盘。

椒盐鱼骨制作方法

①先把鱼肉和鱼骨分开，鱼骨洗干净沥干水后，加入少许盐、酱油、面粉和适量的水，拌匀。

②将鱼骨放到油锅里炸至金黄色。

③撒上椒盐粉便可上碟。

椒盐鱼骨

○ 姜葱炒鱼片

○ 丝瓜鱼片汤

○ 姑妈豆腐花品牌旧版标志

姑妈豆腐花

　　在东升长大的 80 后、90 后从小到大经常吃的甜品中，肯定少不了"姑妈豆腐花"。姑妈豆腐花早在 1996 年就在东升益隆村开始售卖了。姑妈豆腐花又香又滑，怎么吃都不腻。这家甜品店还售卖各种小吃，如咖喱鱼蛋、泡椒凤爪、鸡翅等，简直就是下午茶的天堂。

　　位于东升镇悦胜一路 31 号的同昌店是姑妈豆腐花的第一家店，也是总店。现在姑妈豆腐花甜品店已经不再是东升才有，而是散布在广东各地，分店多达 28 家。

山水豆腐花

红豆豆腐花

黑芝麻汤圆

红豆沙汤圆

芒果西米露

滋润红豆沙

"姑妈豆腐花"甜品店内各式各样的甜品

1996 年，"姑妈"即梁阿姨就在自己的旧屋里做豆腐花，然后一个人骑着三轮摩托车，载着自己做的豆腐花、芝麻糊等各种甜品，穿梭在东升的大街小巷里售卖。由于梁阿姨做的豆腐花口感鲜滑，糖水可口，吸引了很多回头客，生意火爆，经常供不应求。

○　"姑妈"开始做豆腐花时的旧屋

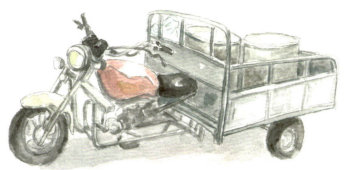

○ 旧时，"姑妈"常骑着破旧的
三轮摩托车，走街串巷叫卖豆腐花

○ 美味的甜品吸引了众多的顾客

梁阿姨的儿子林总在外求学，心疼妈妈常年在外奔波，风吹日晒。可是梁阿姨喜欢制作新鲜的甜品，不愿放弃。林总再三考虑后，决定在 2007 年返乡，拿着 5000 元的创业资金为梁阿姨开了第一家甜品店——同昌。那时同昌店的面积只有 30 平方米，仅放得下两张桌子。在梁阿姨的坚持和林总的努力下，姑妈豆腐花就这样慢慢地发展起来。现在同昌店内可以摆下十几张复古桌椅，简单舒适。每到下午茶时间，店里坐满前来品尝的顾客。后来，姑妈豆腐花有了东升公园旁边的第一家分店，随后又有了第二家、第三家。

○ "姑妈豆腐花"最初开业时，小店面积只有 30 平方米

○ 姑妈豆腐花品牌新版标志

　　大家或许会问，为什么取名"姑妈豆腐花"呢？

　　原来，梁阿姨亲戚众多，侄子、侄女也多。他们都管梁阿姨叫姑妈，在很久以前就经常去找姑妈要豆腐花吃，邻居街坊也都知道他们的姑妈在卖豆腐花。林总在为梁阿姨开店时就决定叫"姑妈豆腐花"，觉得很接地气。于是就有了带着姑妈卡通形象和写着"梁氏甜品"的"姑妈豆腐花" logo 了。

豆腐花制作方法

①挑选优质的东北大黄豆。

②将大黄豆洗净并浸泡。

③用石磨将大黄豆磨成豆汁。

④过滤磨好后的豆汁，放到锅里煮开，随后放凉即可。（关键在于加卤水）

焌杰冰室

　　位于东升镇同乐大街二路 37 号的"焌杰冰室"，是当地年轻人经常光顾的一家港式茶餐厅。焌杰冰室的特色是怀旧，从装修到餐具、菜式都模仿 20 世纪 80 年代香港冰室的样子。冰室内部还特意装修成士多店的样子，一进门就能看到一个悬挂着"焌杰士多"招牌的柜台。柜台旁边堆放着汽水箱，摆放着长条椅，柜台上摆满了各式各样的小吃，屏风上挂着旧信箱，绿色窗框背后粘贴着广告纸和穿着旗袍古风美女的海报，还有摆在桌上装饰的旧热水壶、黑白电视和旧电风扇，这一切无一不透着怀旧的气息。

　　〇 焌杰冰室内部装饰成
士多店的样子，颇具特色

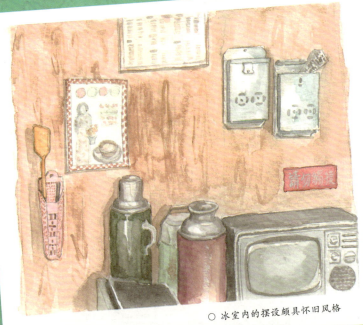

○ 冰室内的摆设颇具怀旧风格

○ 店内摆放整齐的桌椅

中午前来用餐的人也不少。焌杰冰室出品
以茶餐厅菜式为主，即中西兼具，有面、米饭
等主食，也有各种小吃，如冰冻奶茶、热狗、
鸡蛋仔、一口西多士、肉酱薯条、瑞士鸡翅，
口味正宗。

虽然不像别的咖啡店、茶餐厅那样装饰得很文艺，焌杰冰室也别有一番滋味，更重要的是它的所有菜品价格都不贵，而且分量足、味道好。不仅午餐时间人满为患，下午茶和晚上的闲暇时间也有不少顾客光临。

来到焌杰冰室，坐下来点一杯香滑浓厚的丝袜奶茶，再来一份芝士肉酱薯条，约上几个旧友，听着音乐畅谈，对我来说真是人生一大乐事。这里的丝袜奶茶特别香浓，口感独特，不会苦到掉渣，也不会甜到发腻，恰到好处，关键是一杯才 10 元。至于芝士肉酱薯条，很多朋友都推荐，听上去好像很"重口味"，很油腻。其实要看你怎么与别的食物搭配了。再点一杯丝袜奶茶或者红豆冰，融化的芝士浇在厚厚的薯条上，再配上特制的肉酱。一口咬下，除了有薯条原本糯糯的口感外，还伴有肉酱和芝士的香味，然后再喝上一口香滑的奶茶，令人满足。

○ 芝士肉酱薯条

○ 丝袜奶茶

○ 小笼包

小笼包店

　　位于鸡笼桥市场的小笼包店，不像前面介绍的美食店那么出名，却是东升一带特别是鸡笼桥附近人们吃早餐的不二之选。虽然它没有明显的招牌，但是它的年龄比我还大，出品的小笼包十分美味，几乎每天供不应求。

○ 不起眼的小笼包店

这家店是朱叔和朱姨两夫妻多年来慢慢经营起来的，现在已经有23年了。店门口摆着一个大大的冒着水蒸气的蒸炉，上面放着两排装着小笼包的笼子。门口常常见到顾客排着队，店内仅有的三张桌子经常坐满了人。

○ 墙边叠满整齐的蒸笼

○ 墙上粘贴着标示小笼包价格的纸张

　　店内装修非常简陋，一共只有三张桌子。每张桌子上都摆着牙签、调料碟、茶杯、茶壶，供顾客使用。墙上还贴着一张白纸，上面写着"小笼包每笼5元"。来的顾客只要简单说一句"要一笼小笼包"，朱叔就熟练地拿出一笼，倒入塑料袋，打上一个结，递出去，然后收钱往小红桶里一放，马上就下一个。整个过程来回不用三十秒，就像奥运赛场上的平衡木选手一样，一口气做完连贯的动作后旋转落地。

○ 桌上简单的餐具

○ 鸡笼桥下喧闹的菜市场

○ 在市场里卖杂货的小摊

○ 鸡笼桥市场里各式各样的水果

　　小店坐落在鸡笼桥市场外，这里是东升镇最大的市场，每天都有
很多人前来采购，极其热闹。

○ 包小笼包

　　朱叔和朱姨每天早上要做 200 笼小笼包，经常还供不应求。由于装小笼包时常会被烫到，朱叔心疼朱姨，就让她负责包小笼包。采访他们的时候，朱叔和朱姨很害羞地笑着，说"我们在这已经开了 23 年了"。我听出了他们的幸福和骄傲。

麻辣烫

　　在旭日广场附近，有一条街开的全都是卖麻辣烫的店。这里是年轻人聚餐的好地方，吃着鸳鸯锅，来几瓶小酒，能畅谈一晚上。麻辣烫一条街一般是下午 5 点开始营业。街上的店铺几乎全是用铁篷搭起来的，给人感觉像是大排档。也许正是这样才吸引了很多年轻人光顾，大排档随意，没有那么多约束。

○ 麻辣烫一条街的
铁篷下摆满了桌椅

麻辣烫一条街从下午 5 点开始营业，每家店里的伙计都忙得不可开交，额头上挂满了汗珠，一到周末更是如此。几台特大功率风扇的"呼呼"声和服务员的应和声，再加上食客吃饭时的欢笑声，给大街带来了热闹。

○ 麻辣烫锅

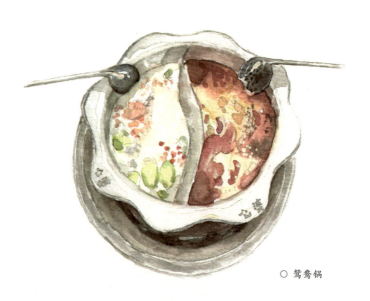

○ 麻辣烫串

在这条街的所有店中，"七婆"最早营业且最晚关门，也是最出名的一家。暑假的一天晚上，我约了几个朋友来到"七婆"。可能是很久没来了，打车时竟有点说不清位置。司机将车停在街头，我们从街头走到街尾才找到。我点了个鸳鸯锅，然后去保鲜柜里选取自己喜欢吃的东西，有面筋、菌类、肉、鱼蛋、鱼豆腐等。最后按竹签算价钱，一根竹签八毛钱。四个人大吃一顿，才花了100多元。

○ 鸳鸯锅

踏遍千山万水

高沙人民会堂

在东升，有一个市级"不可移动文物"——建于 1962 年的高沙人民会堂。

高沙人民会堂是高沙作为解放战争革命根据地仅存的一处遗址。旧址饱经风霜，连"高沙人民会堂"这六个字都斑驳不清了。2007 年，东升镇政府对其重新修葺，并在 2008 年授予其"中山市东升镇中小学德育基地"以及"中山市东升镇青少年法制教育基地"荣誉称号。2012 年 1 月，高沙人民会堂被列为"中山市不可移动文物"。

○ 经过岁月洗礼的高沙人民会堂

○ 重修后的高沙人民会堂

○ 会堂增设儿童活动室

　　2012 年 6 月，东升镇政府在高沙人民会堂内增设了儿童活动室，并挂牌成立"修身学堂"，还对高沙人民会堂农耕展区的文物进行维修保护。现在里面有乒乓球桌等，经常有儿童去玩耍。

天后宫

　　东升的裕民村裕安水闸侧有一间天后宫。天后宫建于 1935 年，原是当地村民抵御海贼入侵的自卫还击掩护点。

　　这里还有一个流传久远的传奇故事。相传在 1925 年冬天，农民忙着备耕的时候，以崔勇为首的东海海贼扬言要在高沙裕民村征收开耕费，不交就不准开耕。愤怒的高沙人民组建了农民自卫军。当时海贼有几百人之多，更有大量枪支弹药。高沙村民以寡敌众，但是凭借着不畏强暴、敢于斗争的勇气，最终把海贼赶回了东海。为了纪念这次英勇抗敌，村民便在此修建了天后宫。

　　天后宫在 1966—1988 年间经历了拆毁、重建，但如今香火鼎盛，村民都会来此祈求丰收。

○ 天后宫

二圣庙

○ 二圣庙

　　坐落在太平村的二圣庙同样颇具传奇色彩。民间传说它是太平村百姓为了纪念康公真君、洪圣大王两位圣人而兴建的。当地还流传着这样一段传说：古时候有两位劫富济贫的绿林好汉，在逃避官兵追捕的时候来到了太平村的河边。他们走过的脚印都被当地饲养的鸭子给踏平了，他们因此成功避过官兵的追捕。两位绿林好汉为了报答救命之恩，就定居在太平村，还带旺了附近这一带。当地的百姓为了表示对他们的感谢，便修建了二圣庙。这两位好汉便是后来村民供奉的康公真君和洪圣大王。

　　每年农历七月初七为神诞日，白天村民带着三牲、果品、冥纸等齐集于二圣庙，焚香拜祭康公真君和洪圣大王，祈求风调雨顺，国泰民安。晚上则有"拜七姐"活动，在东升镇，"拜七姐"又称作"雾七姐"。

东升公园

　　位于东华路的东升公园，是当地儿童玩耍、老人散步的好去处，公园内设有儿童游乐场、老人活动中心、篮球场等。1997年，东升公园获得中山市"示范公园"的称号。

　　园内有长廊、假山、石椅石台、圆心形花坛、人工湖等，湖中还有六角亭、九曲桥。在公园里散步，可以看到坐在石椅上下棋的老爷爷，还有在亭子里拉二胡的老人家。到了晚上，不少大妈还会聚集在广场上跳广场舞。

○ 东升公园门口

○ 入园后就能看到一座漂亮的东湖亭

公园里还设有游艇供游客游玩。人工湖四周种有一排排杨柳，绿树成荫，环境优美。在树下还可以看到放学后穿着校服、结伴来看书的学生，也可以看到年轻情侣在拱桥上或长廊边散步。

○ 公园里拱桥和绿树交相辉映

○ 绿荫下的
石板路

　　暑假的一天，我带着弟弟来到东升公园。那是雨后的下午，树上的蝉鸣声格外响亮，更加衬托出公园的寂静。我们往里走去，发现其实公园里特别热闹。除了长廊上、亭子里有成群的人聊天，在活动中心和小山坡、石阶上还有很多小朋友在追逐玩耍。就算是刚下完雨，也阻挡不了大家前来游玩的兴致。

○ 在公园里玩耍的小孩和老人

婚纱摄影基地

　　在东升镇，一个名为"十里堤岸游艇会"的综合型生态旅游度假区引人注目。它以游艇为核心主题，可提供游艇租赁和婚纱摄影等服务，是商务洽谈和休闲度假的好选择。

　　游艇会的所在地占尽天时地利，拥有优越的地理位置、便利的交通，通江达海，因此这里此成为一个上佳的海上休闲娱乐中心。

　　在游艇会，除了有几十艘大、中、小不同型号的游艇，还有一个婚纱摄影基地。婚纱摄影基地里面不仅有薰衣草花地、玫瑰花地等等，还有各种雕塑。每周都有不少准备结婚的情侣前来拍摄婚纱照。

○ 停靠在堤岸旁五颜六色、型号各异的游艇

○ 可爱的小火车雕塑

○ 漂亮的玫瑰花走廊

○ 欧式人像雕塑

在婚纱摄影基地，不仅有绿油油的草地、五彩斑斓的花海，还有可爱的小火车、浪漫唯美的花路、西式的风车和建筑。

旭日健身广场

旭日健身广场于 2007 年建成，是东升最大的休闲健身广场和民众休闲娱乐的好去处。

健身广场内建有绿化带、花池、假石山、凉亭和中央舞台，晚上还会聚集好多人跳舞，有老年集体舞和交谊舞等。健身广场面积约 1 万平方米，配置有篮球场、羽毛球场和乒乓球场，更配备有电子屏幕，播放各种歌舞。

○ 市民利用器材锻炼身体

○ 市民在旭日健身广场上
欢快地跳着广场舞

晚上，广场灯火通明，不仅是家庭休闲、娱乐、健身的好地方，还经常举办美食节、文娱活动以及慈善万人行答谢晚会等活动。

○ 精彩的"大飞洋杯"五人龙舟公开赛
吸引了成千上万的观众

龙舟看台

　　为了更好地推动龙舟活动的发展，东升镇各村在端午节来临之际会分别举办划龙舟比赛。东升镇还会在每年10月国庆节期间举办大型的"五人龙舟赛"。

　　2012年，为打造五人龙舟赛品牌，东升镇政府斥巨资按照"一桥一景"的目标，改造龙舟赛道上的3座桥梁，作为景观桥，还搭建了龙舟看台。10月1日12时30分，来自省内各地的100多支赛艇队的赛艇停在位于小榄水道东升交界处放龙点的赛道上，犹如箭在弦上，一触即发。两岸围观群众人头涌动，盛况空前。随着5发彩色信号弹腾空而起，比赛正式开始。经过3个多小时的激烈角逐，来自东升镇锐富养殖场队的73号艇夺得了公开组冠军，而来自东升益隆村队的126号艇获得了镇内组冠军。

○ 参赛选手从龙门处出发

特色艺术教育

旭日初级中学

    我小学毕业后来到东升生活，记忆最深的就是母校——旭日初级中学。旭日初级中学位于东升镇利生村勤政路 23 号，原名"坦背镇坦背中学"，曾兼办过高中和职业高中。2000—2005 年间，先后兼并了太平初级中学和东升镇葵园初级中学，前后更名多次，2007 年6 月正式定名为"旭日初级中学"。

同学们每天上学方式不外乎就是几个小伙伴结伴步行、骑自行车，或是坐506、228、210路公交车。

　　近几年，旭日初级中学改变了不少：大大的校徽雕塑屹立在一进校门的广场上，十分醒目。学校铺设了标准的橡胶跑道，改造了校门，绿化了校园，全部教室安装了多媒体设备。特色文艺活动丰富多彩，如美食义卖活动、教师合唱比赛等。还有一年一度的元旦晚会，再怎么寒冷的天气也阻挡不了精彩的表演和师生参与的热情。

○ 旭日初级中学校徽雕塑设计于2012年，取自校徽中的火炬造型，由"东升旭日"四个汉字拼音的第一个字母"d、s、x、r"组成，象征着旭日中学像东升的骄阳 —— 热情奔放，预示着学校前程似锦、蒸蒸日上

○ 承办各种大型活动的操场和舞台

学校针对实际情况，提出了"办特色学校"的口号。学校的柔道队多年来在中山市取得了不少优异的成绩，旭日初级中学被中山市教育和体育局定为"柔道传统学校"。学校的航模队、举重队、篮球队多次在中山市获得奖项。旭日初级中学的艺术人才培养也有长足的进步。

○ 学校里的特色美术教育

○ 学校里的特色舞蹈教育

○ 同学们正在进行柔道训练

东升镇高级中学

　　这是东升镇唯一一所涵盖初、高中的学校。东升镇高级中学位于中山市东升镇同乐大街二路与同乐路交叉口附近，也就是在东升图书馆旁边。

　　东升镇高级中学创办于 1999 年，在学校老师和学生的共同努力下，办学质量不断提高，社会声誉不断提升。2005 年 1 月学校被评为"中山市一级学校"，2006 年被评为"广东省一级学校"，2013年被评为"广东省国家级示范性普通高中"，成为中山市第七所国家级示范性高中。2014 年 7 月，由区属高中升格为市直属普通高中。

○ 校门

○ 被独有的榕树须"窗帘"围起来的安静的学习圣地

　　学校选择了体育、艺术特色，为学生提供了广阔的发展空间。学校健美操队和棒球队在广东省和全国的大赛中屡获奖项，学校田径队、舞蹈队、合唱团以及师生创作的书法、美术、摄影作品也多次在中山市举行的比赛中获奖。

○ 如同画框般衬托出背后葱郁绿树的拱门

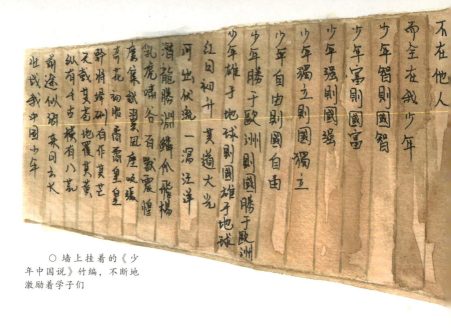

○ 墙上挂着的《少年中国说》竹编，不断地激励着学子们

东升镇高级中学在多项健美操比赛中脱颖而出，斩获头奖。如在 2016 年广东省中小学生健美操、啦啦操联赛中山站的比赛中获高中组竞技项目男子单人操冠军、季军，竞技女子单人操冠军，有氧徒手冠军，混合双人操亚军、季军，混合三人操亚军；最终获得最佳团队奖和团体总分第二名的好成绩。健美操比赛展示了学生的风采，提高了他们的自信心，让他们敢于展现自己，还增强了队伍的凝聚力。学校一直以"少年强则国强"勉励学生，要求他们积极向上、努力学习。

在东升镇高级中学还有一个很有意思的不成文传统，考上大学的学生都要拿着录取通知书和"争气石"合影。这个传统已经延续了多年，这块"争气石"也见证了无数东升学子步入大学。

○ 争气石

东升镇图书馆

东升镇图书馆坐落在东升镇高级中学旁边。图书馆在 2014 年 12 月 29 日开馆，是中山市图书馆的分馆。图书馆有两层，平时很多人前来看书、借书，到了节假日来的人就更多了。

暑假的一天，我来到图书馆。图书馆里的人很多，每张长椅上都坐满了人，还有些小朋友席地而坐，他们安静认真地读着手上的书。在二楼，图书馆还设置了儿童阅读区，里面的装饰都是为孩子们专门准备的，显得活泼可爱，不像一楼那么严肃。椅子、小木桌和榻榻米都是彩色的。

○ 图书馆里的长椅每天都坐满了读书人

○ 儿童区桌椅

○ 专心致志看书的学生

○ 家长陪着孩子
随意地坐在地上看书

特色咸水歌

20 世纪 30—70 年代，民歌在东升镇风行一时。

多年前就在东升捕鱼为生的疍民，喜欢唱歌。在疍民聚居的沙田，处处有歌，人人能歌。这个爱好随着这一条条的河涌河道纵横交错，在缓缓的流水间，一直流传到现在。东升人喜欢唱"咸水歌"，这就是疍家风情的标志，而东升人也将这浓厚的沙田疍家文化传承发展了下来。

○ 咸水歌比赛

○ 咸水歌比赛

　　正是因为有这个历史渊源，2001 年，东升的胜龙小学组织学生成立了一支民歌队，参加了首届民间歌会大赛并获得了铜奖。在镇领导的高度重视下，2008 年，胜龙小学在原来的民歌队基础上又成立了东升镇胜龙童声合唱团，致力将民歌打造成素质教育的品牌。

　　2009 年，东升镇胜龙小学获批成为"中山市非物质文化遗产传承基地"，其首要任务正是传承被列入首批"国家级非物质文化遗产名录"的"咸水歌"。在对传统民歌有了继承之后，会唱"咸水歌"的不再是年过半百的老人，更多的小学生也兴致勃勃地学唱起了咸水歌，传统的特色才艺在潜移默化中得到传承和发展。

2016 年国庆节，东升姑娘周炎敏和东升胜龙小学的 20 名小学生亮相中央电视台大舞台，在《中国民歌大会》的现场用中山咸水歌形式演唱广东民谣《落雨大》和咸水歌优秀作品《春潮》《送郎一条花手巾》《万众一心跟党走》等。周炎敏在比赛中说，现在的咸水歌已经不是只有老人会唱了，还有更多的 80 后、90 后、00 后在接触和学习，咸水歌的传承充满着希望。节目主持人也说到，咸水歌是流传于民间的歌，是代表民族的歌，更是深入民心的歌。民歌不仅有动听的旋律，更重要的是口耳相传的民歌能唱出沧海桑田，唱出民族的生生不息。

　　从以捕鱼为生的疍家人喜欢唱开始，咸水歌流传至今，经历了无数个春秋的洗涤，已成为岭南文化的一部分。

　　○ 东升姑娘周炎敏在中央电视台
《中国民歌大会》演唱《春潮》

○ 可爱的熊猫棒球队员形象

棒球

　　东升镇的特色教育可不只有柔道、健美操、咸水歌，东升还被称为"特色棒球小镇"，并在努力培养发展成为"中山棒球之乡"。

　　近十年，东升在努力建设成一个以棒球为基本元素，并能带动产业链升级发展的"中国棒球小镇"。说到中山棒球，大家都会想到梁友文老先生，想到熊猫队，想到熊猫精神。

　　让东升和棒球结缘的是梁友文先生。70多年前，"中国棒球之父"梁扶初先生在上海成立中国第一支棒球队，并取得了惊人的成绩，战胜了一些国外队伍。十几年前，80多岁的梁友文从美国回到东升镇，义务担任教练，建立了中山第一支棒球队——东升镇高级中学棒球队，随后成立了"中山市熊猫棒垒球俱乐部"。在市、镇领导的支持下，2011年恢复并重办了由梁老先生创立的"熊猫杯"棒球比赛，2016年建成位于广珠城际铁路东升站场周边的"中山市熊猫少年棒球场"。

○ 训练场主馆

○ 扇贝形状的棒球场

○ 即使没有上场机会，小队员
还是在场边为同伴加油打气

○ 队员们认真聆听教练对比赛的安排

○ 身上沾满的红土，见证了小队员们在赛场上的拼搏

○ 击球手奋力将棒球击出

　　梁友文先生不远万里、不顾高龄从美国回到家乡中山义务执教，从 82 岁到 92 岁，他爱国爱乡、不懈追求棒球梦想的精神，一直激励和感动着家乡人。梁老先生执教后，东升镇在全镇范围推广棒球的成效显著，东升镇高级中学成为"中国中学生棒垒球训练基地"，并初步形成了小学、初中、高中相衔接的运动梯队。有 14 位球员先后入选广东省棒球集训队，5 名球员入选美国职业棒球大联盟（MLB）中国棒球发展中心。

○ 接球手牢牢接住棒球

○ 外场手鱼跃将球接住

2014 年是东升镇"棒球小镇"开启元年，棒球运动的各项工作如火如荼地展开。2016 年，第 9 届亚洲 U12 少年棒球锦标赛在东升举行，这是亚洲 U12 少年棒球锦标赛第 4 次在中国举办。来自中国、日本、韩国、巴基斯坦、印度尼西亚、菲律宾等 8 支代表队参加了本届比赛。

○ 投手奋力地
将球投掷出去

○ 跑垒员在对方接住球前，拼尽全力滑垒

梁友文简介

梁友文，祖籍中山，是"中国棒球之父"梁扶初之子。

1939年，梁友文和兄弟四人在上海成立了一支名为"熊猫"的棒球队，与当地多支国外球队交锋，并最终在上海的中学和大学发展了49支"熊猫棒球队"。

1948年，获得该年度最有价值运动员奖（MVP）。

1981年，成立旧金山地区华人"熊猫"少年棒球队。

2000年，梁友文任美国海外华侨棒垒球俱乐部顾问。

2007年，梁友文以82岁高龄毅然返回家乡，在中山市东升镇义务指导棒球队。

2014年，获得中国棒球协会秘书长申伟女士颁发的"中国棒球终身荣誉奖"。

○ 年迈的梁老先生为优秀的棒球运动员颁奖

百花齐放的经济命脉

近年来，东升镇坚持走新型的工业化道路，大力推动办公家具、装备制造、日用制品等传统优势产业升级，形成了多元化的产业结构。全镇目前拥有工商企业 11489 家，工业企业 3589 家，其中规模以上工业企业 278 家。年产值超亿元的工业企业就有 40 多家。拥有"亚洲品牌 500 强"的管桩企业（三和管桩）、世界最大的婴童用品制造企业（隆成集团）、全国著名的纸巾制造企业（洁柔）及建筑幕墙生产企业（盛兴股份），是广东省办公家具技术创新试点专业镇。

东升镇现有"亚洲品牌 500 强"1 个、中国驰名商标 2 个、中国名牌产品 5 个（含 1 个农业类）、广东著名商标 16 个、广东省名牌产品 9 个（含 1 个农业类）；有国家高新技术企业 16 家，市级技术中心和工程中心 44 家、省级认定 6 家。

三和管桩

东升同兴东路每天都车水马龙。仔细观察就能发现，经过的很多大卡车车头都写着"三和"。这就是目前国内规模最大的管桩生产企业之一——广东三和管桩股份有限公司。

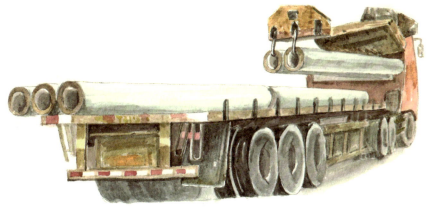

○ 工人把新生产出来的管桩装车

○ 三和管桩的
总裁韦泽林先生

○ 三和管桩的标志，有着
天地人和、相融相生、和合大众、
竞合共赢的寓意

　　三和成立于 1993 年。当时社会生产水平还比较落后，并不是每处都能通电，因此，三和把生产重点放在水泥电线杆上。后来随着社会发展，高楼大厦拔地而起。三和的总裁韦泽林敏锐地发现了这个转变，加上外出学习，吸取经验，便带着三和进行产业转型升级。现在三和的产业链已经遍布全国。

○ 工人正在检查管桩装车情况

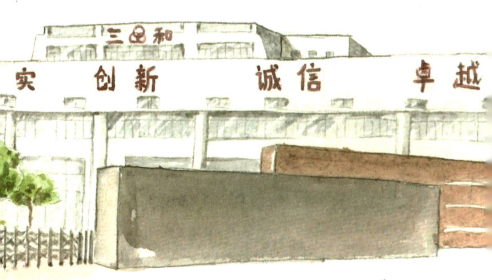

○ 三和管桩正门

○ 工人在生产线上生产管桩

　　和负责人周姐聊天，印象最深的就是她说道："企业生存的基本条件是利润、盈利，而企业持续长久生存的根本则是员工的满意度。"在三和走访我也了解到，公司不同部门的员工对公司满意度评价都很高。创始人韦总经常出国学习，看到新书后，也会在公司内部开展交流分享，使得公司内部团结一心。公司从生活、工作上切实地为员工着想，这也就是三和的"和道文化"——天地人和，相融相生，和合大众，竞合共赢。

华盛家具

  在东升同茂工业园，远远就可以看到远处楼顶"华盛家具"四个大字。

  自 2004 年创办以来，从几十个人发展到现在两千多人，从在东升扎根到现在门店遍布全国各地，华盛家具稳扎稳打，小步快走，一直坚持创办时的初衷，要做高品质的环保型高端办公家具产品。在不断坚持努力下，公司生产的"沃盛"荣获广东省名牌产品、广东省著名商标、中国办公家具十大品牌等荣誉称号。

  沃盛是华盛三大品牌之一，也是华盛最先创办的品牌。华盛旗下拥有"沃盛""华旦""高卓"三大办公家具品牌。华盛家具在办公

家具这棵大树上开枝散叶，从 2013 年开始，在商务空间这个概念里横向发展，开始生产酒店家具。

　　还记得高中的时候政治课本上写到，发展不能单一化，一定要创新，转型升级，使产业结构多元化。我想华盛家具的姚总一定是学霸，把这句话深刻地记住还理解到位。他带领着华盛家具从 2004 年的车间单一生产办公家具到慢慢提高车间综合配套实力，不再是生产单一产品，而是能够生产一个商务空间内所有办公家具。随着近几年环保意识的不断普及，华盛引进先进的设备，研发生产一条龙，将综合配套实力做到最强，将环保进行到底。

　　每年 3 月，华盛都会带着新产品参加全国最权威的中国（广州）国际家具博览会，向全国展示属于东升、属于华盛的高品质环保型办公家具。

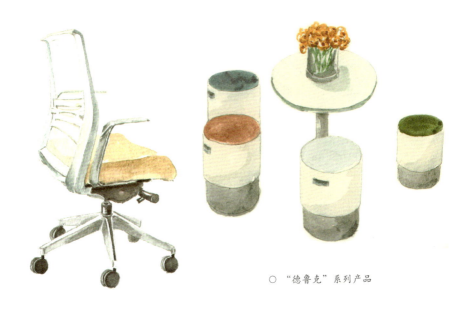

○ "德鲁克"系列产品

○ "杰克曼"系列产品

东升门业专业市场

　　到东升和小榄交界附近，在丽城路和同乐大街一路交叉口，可以看到一个大牌坊，写着"中山东升门业专业市场"。街道干净整洁，整条街一望无际，左右两边是大大小小的门业企业。据了解，东升门业专业市场规划占地面积1000亩，首期建设面积300亩，可容纳近600家门业厂企进场经营。它是珠三角首家集成品、销售、产品展示和批发为一体的大型门业专业市场。

　　在门业市场里闲走发现，原来门分这么多种，有原木门、橡木门、烤漆门、免漆门、生态门、强化门、新型拼格门、铝合金门、不锈钢门等等。不仅如此，为了满足顾客需要，门业市场里还有各种各样的门锁、石材、装饰等材料，应有尽有。

○ 在东升门业专业市场能买到各种质量上乘的产品

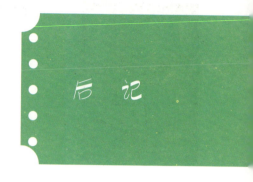

后 记

创作初期

就收到任务书

查阅各种书籍、
画册等资料

外出采风

创作中期

创作后期

交稿日，终于看到了希望